Todos los libros de Linkgua Ediciones cuentan con modelos de Inteligencia Artificial entrenados por hispanistas. Pregúntale al chat de tu libro lo que desees acerca de la obra o su autor/a.

Para ebooks: Accede a nuestro modelo de IA a través de este enlace.

Para libros impresos: Escanea el código QR de la portada con tu dispositivo móvil.

Obtén análisis detallados de nuestros libros, resúmenes, respuestas a tus preguntas y accede a nuestras ediciones críticas generativas para una experiencia de lectura más enriquecedora.
La transparencia y el respeto hacia la autoría de las fuentes utilizadas son distintivos básicos de nuestro proyecto. Por ello, las respuestas ofrecen, mediante un sistema de citas, las fuentes con las que han sido elaboradas.

Francisco de Rioja

Poemas

Barcelona 2024
Linkgua-ediciones.com

Créditos

Título original: Poemas.

© 2024, Red ediciones S.L.

Diseño de cubierta: Michel Mallard.

ISBN rústica ilustrada: 978-84-9816-156-4.
ISBN tapa dura: 978-84-1076-050-9
ISBN ebook: 978-84-9897-768-4.

Cualquier forma de reproducción, distribución, comunicación pública o transformación de esta obra solo puede ser realizada con la autorización de sus titulares, salvo excepción prevista por la ley. Diríjase a CEDRO (Centro Español de Derechos Reprográficos, www.cedro.org) si necesita fotocopiar, escanear o hacer copias digitales de algún fragmento de esta obra.

Sumario

Créditos	4
Brevísima presentación	9
La vida	9
Décimas	11
No se causan mis enojos	13
Quiero mi grave tormento	17
En tan lento resistir	19
Sestinas	21
Crespas, dulces, ardientes hebras de oro	23
De Febo Apolo el claro ardiente rayo	25
Silvas	27
Queriendo pintar un pintor la figura de Apolo en una tabla de laurel	29
A la riqueza	31
A la pobreza	33
Al clavel	37

A la rosa	39
Sonetos	41
Corre con albos pies al espacioso	43
Sube, frondosa vid, y en extendido	45
Ya del sañudo Bóreas el nevoso	47
Menoba, que con turbia y alta frente	49
Marchite, ¡o nunca!, frío y cano yelo	51
Salve, o mancebo, flor de la hermosa	53
Otro tiempo profundo y dilatado	55
Lánguida flor de Venus, que escondida	57
A don Juan de Fonseca y Figueroa	59
Aunque pisaras, Fili, la sedienta	61
Claro y tranquilo el mar me conducía	63
Cuando entre luz y púrpura aparece	65
Ay, amarilla selva, que desnuda	67
No esperes, no, perpetua en tu alba frente	69

Pasa, Tirsis, cual sombra incierta y vana   71

Cuando te miro, o fresno, así al helado   73

Yo acabaré, infelice, en el ondoso   75

Náufraga onda, y cómo leda frente   77

Este que ves, o güésped, vasto pino   79

Almo, divino Sol, que en refulgente   81

A Manlio   83

Libros a la carta   85

Brevísima presentación

La vida
Francisco de Rioja (1583-1659). España.
Nació en Sevilla y fue un hombre de gran erudición. Además de poeta, también fue teólogo y jurista. De su vida se destaca su fidelidad a su mecenas el conde duque de Olivares, quien lo nombró bibliotecario real, consejero del tribunal de la Inquisición, cronista de la corte en Castilla y canónigo de la Catedral de Sevilla.

Rioja compartió el destierro con el conde duque de Olivares y, tras la muerte de éste, se fue a Sevilla.

La poesía de Francisco de Rojas mezcla la sencillez y la naturalidad con la elegancia extrema.

Décimas

No se causan mis enojos

No se causan mis enojos,
o Clori, de ajenas glorias;
otras temidas victorias
dan lágrimas a mis ojos.
No envidio dulces despojos
de amante favorecido,
que la suerte me ha traído
a no amar ser envidiado;
moriré alegre abrasado,
como no fuera ofendido.

Fundo mi cierta alegría
en vivir dentro en mi fuego,
y aquel deleite me niego
que tu luz darme podría.
Mi dulce pasión porfía
en llevarme a tu rigor,
pero ardiendo aun tengo horror
del desprecio con que miras,
y llego a sentir tus iras
más que a estimar tu favor.

No hay sombra de bien que pueda
concederme la fortuna;
crece mi llama importuna
esparciendo el humo en rueda.
Y tan abrasado queda
el pecho de su violencia
que desmaya la paciencia;

mas después un favor lento
así ensuavece el tormento
que aun lo busca la prudencia.

Mas tan poco se detiene,
que vengo a desengañarme
que Amor no quiere matarme
porque más de espacio pene.
La experiencia me previene
a que huya el cierto daño,
pero amo tanto el engaño
que a la imagen de un favor
siento apagado el dolor
del incendio más extraño.

No sé si llame piedad
a esta remisión de pena,
porque aflojar la cadena
para apretarla, es crueldad.
En esta inhumanidad
a mi llama lisonjea
un cierto error porque crea
en tan acabada fe
que no es cierto lo que ve
sino aquello que desea.

Yo triste a conocer vengo
que mi bien desvaneció;
como sombra me huyó;
lágrimas ya le prevengo
¿Será que en el mal que tengo
halle imperio el llanto mío?

Mas, ¡o necio desvarío!:
contra llamas celestiales
no pueden tibios cristales
ostentar soberbio brío.

Quiero mi grave tormento

Quiero mi grave tormento
en silencio padecer,
pues así usurpa el temer
la fuerza al atrevimiento.
Mas no es mi fuego tan lento
que el humo pueda ocultar;
modos vengo a desear
con que desmienta mi ardor,
y la fuerza del dolor
aun quita el imaginar.

Pierda el nombre de atrevido
quien no pretende favores,
y no acuse mis dolores
quien nunca los ha sufrido.
Viva yo en público olvido,
siempre ocioso a la memoria,
y alcance aquella victoria
que me diere tu piedad:
que a corta capacidad
no conviene mayor gloria.

¿En qué te injuria quien ama,
Clori, la encendida rosa
que por tu nieve hermosa
dulcemente se derrama?
No aumenta el rigor la fama;
sienta tu crueldad el día
que a hacer polvo porfía

el fuego con que has vencido,
porque ofender al rendido
es cobarde valentía.

Y si es ofensa adorarte
dentro en mí con blando ruego,
permite que trate el fuego
pues él puede así vengarte;
que si vienes a enojarte
con menor belleza miras:
¿el puro cielo que admiras
y los mares espaciosos
no se ven menos hermosos
cuando más muestran sus iras?

Ofendes a tu razón
en tener tanta fiereza,
que Amor es de la belleza
apacible adulación.
Quien no huye tu prisión
bien merece menor mal:
¿no ves el manso cristal
que a la flor que ama su frente
le da con crespa corriente
de agradecido señal?

En tan lento resistir

En tan lento resistir
y en incendio tan severo
poco a la razón espero
y mucho temo al vivir.
Una ley vengo a sentir
cuya violencia no acuso;
tiemblo y sígola confuso,
que avisos de la prudencia
dicen que no hay resistencia
contra el imperio del uso.

Y quedo entre este temor
con tal gusto persuadido,
que aun cuando más ofendido,
hallo deleite en mi ardor.
Tus altos modos, Amor,
tarde llego a conocer:
el siempre helar y encender
a quien tu fe solicita
es porque solo acredita
las glorias el padecer.

Solamente el bien de amar
quiero, sin correspondencia,
pues muere así la paciencia
en naciendo el desear.
Tiempo, deja de apagar
el fuego que me eterniza:
que tu hielo atemoriza,

y el arte de la razón
no tiene jurisdicción
para encender la ceniza.

Esta luz que en mí florece
y obraron pasiones mías,
a la injuria de los días
sin advertir desvanece.
Fuerzas el discurso ofrece
del ánimo al blando fuego;
mas su esfuerzo y risa y juego
contra la edad ha de ser:
que es violencia su poder
y el de la razón es ruego.

Pero si roba la flor
de tu voz y de tu aliento,
Clori, el Sol menos violento,
bien tengo a mi ofensa horror.
¿Qué osará humano valor
viendo divinos despojos?
Mas, ¡o importunos enojos!
pues aun no da la esperanza
engaños a la venganza,
dé el dolor llanto a mis ojos.

Sestinas

Crespas, dulces, ardientes hebras de oro

Crespas, dulces, ardientes hebras de oro
que ondas formáis por la caliente nieve,
¿cuándo veré salir las alvas luces,
contento de encenderme en vuestro fuego,
que deje de volver al triste llanto,
bañado en cana espuma como cisne?

Igual entonces el Tebano Cisne,
siempre ilustrara los celajes de oro
por quien el corazón destilo en llanto,
o asombren sueltos la purpúrea nieve
que esparce rayos de invisible fuego,
o recojan en áurea red sus luces.

Mas mientras viere tus divinas luces,
no dejaré de andar, cual blanco cisne,
cantando en muerte el amoroso fuego
en que me encienden, y los cercos de oro
que me desatan, como el Sol la nieve,
por los ojos contino en dulce llanto.

Siempre resuelto estoy en puro llanto,
salgan de Febo o del Dragón las luces,
caya[1] dulce rocío o caya nieve;
y aunque más dulce cante que alvo cisne,
nunca veré el compuesto en nieve y oro
con blandos ojos a mi ardiente fuego.

---

1   «Caiga». (N. del E.)

¡O si ya consumiese el duro fuego
el miserable corazón en llanto,
y nunca viesen más bordarse en oro
el cielo a la mañana aquestas luces!,
pues ardo siempre en ondas como cisne
cuando sale la noche y cae la nieve.

Bien sé, triste, que puede arder la nieve
cuando se acabe mi infinito fuego,
y que habitar en él bien puede el cisne
cuando toque piedad del grave llanto
a mi Eliodora en sus acerbas luces,
y cuando esté ligado en lazos de oro.

Pues no me enlaza el oro ni la nieve,
den fin tus luces a mi ardiente fuego,
y en llanto y muerte cantaré cual cisne.

De Febo Apolo el claro ardiente rayo

De Febo Apolo el claro ardiente rayo
ya muda la alta nieve en tibias ondas
del más helado y riguroso monte;
solo a mi pura luz no cambia el yelo
en piedad su centella, ni la llama
que humedece los cercos de mis ojos.

El polvo, el ciclamor, sus blandos ojos
abren con el calor del puro rayo
que esparce en torno de Faetón la llama,
y con el fresco humor de vivas ondas;
mas nunca reverdece, suelto el yelo
(bien que a la faz del fuego), mi arduo monte.

Las plantas volverán de cualquier monte
otra vez a cerrar sus lindos ojos,
y cubrirá sus calvas duro yelo
antes que yo vos vea, o dulce rayo
del eterno esplendor, bañada en ondas
por la piedad de mi soberbia llama.

¡O si en cana ceniza mi alta llama
vuelta, anduviese solo por el monte,
o por do forman triste voz las ondas
del Betis, y no viese aquellos ojos,
ni aquel luciente y amoroso rayo,
poderoso a encender el duro yelo!

Amor, enciende el cristalino yelo

de mi dulce enemiga con tu llama,
si no quieres mirarme al duro rayo
suelto (cual en verano nieve al monte)
en lágrimas, y ciegos estos ojos
con el incendio de sus negras ondas.

Y si no te movieren estas ondas,
ni de mi Laida el amarillo yelo
a quererme mirar con blandos ojos,
sacude con valor tu acerba llama,
y abrásame cual suele a espeso monte
un fogoso y horrendo y fiero rayo.

Pues duro rayo y encendidas ondas
no vencen deste monte el arduo yelo,
abrasa, llama, mis osados ojos.

Silvas

Queriendo pintar un pintor la figura de Apolo en una tabla de laurel

Mancho el pincel con el color en vano
para imitar, o Febo, tu figura
en tabla de laurel: o los colores
no obedecen la mente ni la mano,
o huye también Dafne tu pintura,
árbol, aún no olvidando tus amores.
Perdió la rosa y nieve que solía
teñir su boca y frente,
mas no la castidad con que vivía,
pues oí la guarda en la corteza dura.

Si perdió solamente
color y hermosura,
¿y anima el rudo tronco Dafne esquiva
en tu desdén, aún a tu imagen viva?
A la Aurora pinté en el horizonte
entre inflamadas nubes y distintas,
con puras luces y rosado arreo.
De la Ninfa que habita el hueco monte
mentí con los pinceles el deseo,
cuerpo dando a la voz con varias tintas.
Y tú, Marte soberbio, aunque guerrero,
contra mí no vibraste el limpio acero
porque con los colores te mostrara
espirando fiereza.

Sola esta virgen prueba su dureza
en mí, porque intentara

que, leño informe, Apolo la abrazara.
Dafne l'arte a vencido;
venció ya Dafne l'arte.
¡O Cintio, culpa tuya!
¿Dó está el arco, dó está el divino aliento?
A tan flaco poder mengua es que huya
y que dél se remita alguna parte.

Dime, ¿la antigua llama
con imperio en tu sangre se derrama?
¡Que el desdén solo puede en un rendido!
Ya tu desprecio y no el del arte siento:
que sí queda sin gloria (ilustre Apolo)
tu fábula, y sin lustre al mundo solo.

A la riqueza

¡O mal seguro bien, o cuidadosa
riqueza, y cómo a sombra de alegría
y de sosiego engañas!
El que vela en tu alcance y se desvía
del pobre estado y la quietud dichosa,
ocio y seguridad pretende en vano:
pues tras el luengo errar d'agua y montañas,
cuando el metal precioso coja a mano,
no ha de ver sin cuidado abrir el día.

No sin causa los dioses te escondieron
en las entrañas de la tierra dura;
mas ¿qué halló difícil o encubierto
la sedienta codicia?
Turbó la paz segura
con que en la antigua selva florecieron
el abeto y el pino,
y trájolos al puerto,
y por campos de mar les dio camino.

Abrióse el mar y abrióse
altamente la tierra,
y saliste del centro al aire claro,
hija de la avaricia,
a hacer a los hombres cruda guerra.
Saliste tú y perdióse
la piedad, que no habita en pecho avaro.

Tantos daños, riqueza,

han venido contigo a los mortales,
que aun cuando nos pagamos a la muerte,
no cesan nuestros males:
pues el cadáver que acompaña el oro,
o el costoso vestido,
solo por opulento es perseguido;
y el último descanso y el reposo
que tuviera en pobreza, le es negado,
siendo de su sepulcro conmovido.

¡A cuántos armó el oro de crueza,
y a cuántos ha dejado
en el último trance, o dura suerte!
Pierde su flor la virginal pureza
por ti, y vese manchado
con adulterio el lecho, no esperado.

Al menos animoso,
para que te posea,
das, riqueza, ardimiento licencioso.
Ninguno hay que se vea
por ti tan abastado y poderoso
que carezca de miedo.

¿Qué cosa habrá de males tan cercada?,
pues ora pretendida, ora alcanzada,
y aun estando en deseos,
pena ocultan tus ciegos devaneos.
Pero cánsome en vano; decir puedo
que si sombras de bien en ti se vieran,
los inmortales dioses te tuvieran.

A la pobreza

Desde el infausto día
que visité con lágrimas primeras,
me tienes, o pobreza, compañía;
aunque tan buena, como dicen, fueras,
por ser tanto de mí comunicada,
me vinieras a ser menos preciada.

Diré tus males sin que mucho ahonde
en ellos, que es muy raro
lo que por glorias tuyas contar puedes.
Tal vez el que en su casa un monte esconde
de Numidia y de Paro[2]
en arcos y paredes,
cuando entre el blando lino se rodea,
puesto de los cuidados en el fuego,
sin conocerte alaba tu sosiego,
y nunca, aunque lo alaba, lo desea;
llegas a ser de alguno, en fin, loada,
mas de ninguno apenas deseada.

¿Si eres tú de los males
el que nos trata con mayor crueza,
cómo podrá ninguno codiciarte?
Después que nació el oro,
y con él la grandeza,
murió tu ser, murió tu igual decoro,
en otra edad divino:
¿si por eso, pobreza, en toda parte

---

2   Se refiere a la isla griega de Paros. (N. del E.)

con enfermo color andas contino?

Con preciosos metales
siempre veo levantado
lo que tienes tú sola derribado.
¿Qué ciudad populosa
se sabe que por ti se haya fundado?
¿Qué fuerza inexpugnable y espantosa
por ti se ha fabricado?

El suave color, la hermosura
solo en tu ausencia con su lustre dura.
Pintame la belleza
mayor que imaginares,
compuesta de jazmines y de grana:
si con vestido tuyo la adornares,
su lustre pierde y gracia soberana.

Pues cuando el agro invierno,
hijo tuyo sin duda,
que, como tú, también siempre desnuda,
roba al bosque el verdor y lo despoja
de su amarilla hoja,
pobre por ti su frente,
ni su sombra codicia más la gente,
ni sus ramas las aves.

Y si yo vanamente no discierno,
¿cuándo armarse pudieron vastas naves
donde se vio tu sombra?,
¿cuándo ejércitos gruesos?
El número infelice de sucesos

que por ti han avenido, ¿a quién no asombra?
Hablen los nunca sepultados huesos
que en las playas blanquean,
de tantos que por falta de sustento
al mar rindieron el vital aliento.

¡Cuántos has escondido
en los anchos desiertos
para que al mal seguro caminante
asalten encubiertos!
¡O, en cuántas partes se verá teñido
el campo con la sangre de los muertos!
No hay voz, aunque de hierro, que bastante
sea a decir los males que acarrean
duras necesidades.

Los pobres que habitan las ciudades,
¿qué afrenta no padecen?:
lo que por sus ingenios merecieron,
o pobreza, por ti lo desmerecen.
¿Qué pobre hubo discreto?
¿Cuándo tuvo amistades
que aun con pequeño honor correspondieran?
¿Cuándo con la pobreza algún respeto
jamás se tuvo a las tendidas canas
que tú de blanca nieve, edad, coloras?

¡O mentes de la humilde gente vanas,
no cuidéis, a despecho
de vuestra pobre y mísera fortuna,
levantaros al cerco de la Luna!
Mirad que cuantos hijos van saliendo

del nunca en vano frecuentado lecho,
tantos esclavos, ¡ay!, os van creciendo
que ocupéis en mezquina servidumbre,
no sin tormento vuestro, no sin llanto.

¿Qué vale, o pobres, levantaros tanto?
Mirad que es necio error, necia costumbre,
soltar a la soberbia así la rienda:
que yo apenas, humilde y sin contienda,
puedo contar en paz algunas horas
de las que paso en el silencio oscuro,
olvidado en pobreza y no seguro.

Al clavel

A ti, clavel ardiente,
envidia de la llama y de la Aurora,
miró al nacer más blandamente Flora:
color te dio excelente
y del año las oras más suaves.

Cuando a la excelsa cumbre de Moncayo
rompe luciente Sol las canas nieves
con más caliente rayo,
tiendes igual las hojas abrasadas.
Mas, ¿quién sabe si a Flora el color debes,
cuando debas las horas más templadas?
Amor, Amor, sin duda, dulcemente
te bañó de su llama refulgente
y te dio el puro aliento soberano:
que eres, flor encendida,
pública admiración de la belleza,
lustre y ornato a pura y blanca mano,
y ornato y lustre y vida
al más hermoso pelo
que corona nevada y tersa frente,
¡sola merced de Amor, no de suprema
otra deidad alguna,
o flor de alta fortuna!

Cuantas veces te miro
entre los admirables lazos de oro
por quien lloro y suspiro,
por quien suspiro y lloro,

en envidia y amor junto me enciendo.
Si forman por la pura nieve y rosa
(diré mejor, por el luciente cielo)
las dulces hebras amoroso vuelo,
quedas, clavel, en cárcel amorosa
con gloria peregrina aprisionado.

Si al dulce labio llegas que provoca
a suave deleite al más helado,
luego que tu encendido seno toca
a su color sangriento,
vuelves, ¡ay, o dolor!, más abrasado.
¿Dióte naturaleza sentimiento?
¡O yo dichoso a habérseme negado!
Hable más de tu olor y de tu fuego
aquél a quien envidias de favores
no alteran el sosiego.

A la rosa

Pura, encendida rosa,
émula de la llama
que sale con el día,
¿cómo naces tan llena de alegría
si sabes que la edad que te da el cielo
es apenas un breve y veloz vuelo,
y ni valdrán las puntas de tu rama
ni púrpura hermosa
a detener un punto
la ejecución del hado presurosa?

El mismo cerco alado
que estoy viendo riente,
ya temo amortiguado,
presto despojo de la llama ardiente.
Para las hojas de tu crespo seno
te dio Amor de sus alas blandas plumas,
y oro de su cabello dio a tu frente.

¡O fiel imagen suya peregrina!
Bañóte en su color sangre divina
de la deidad que dieron las espumas,
¿y esto, purpúrea flor, esto no pudo
hacer menos violento el rayo agudo?

Róbate en una hora,
róbate licencioso su ardimiento
el color y el aliento:
tiendes aún no las alas abrasadas,

y ya vuelan al suelo desmayadas.

Tan cerca, tan unida
está al morir tu vida,
que dudo si en sus lágrimas la aurora
mustia tu nacimiento o muerte llora.

Sonetos

Corre con albos pies al espacioso

Corre con albos pies al espacioso
Océano, veloz Tarteso río,
así no ciña el abrasado estío
tu dilatado curso glorioso;

y di a mi ardor que crece tu espumoso
seno a las muchas lágrimas que envío,
o esparza la dudosa luz rocío
o muestre Cintia lustre generoso.

Que oyendo en mustio son mi afán ardiente
de ti, con crespa lengua resonado
en verde prado o en sedienta arena,

será que blandas luces al hirviente
umor[3] muestre (ya en vano derramado)
mi acerba y dulce y clara luz serena.

---

3   En la edición de Begoña López Bueno «Lágrimas, confundidas con la corriente del río». (N. de E.)

Sube, frondosa vid, y en extendido

Sube, frondosa vid, y en extendido
ramo corona la desnuda frente
deste infelice pobo,[4] que al corriente
cristal yace, de honor destituido.[5]

Sube, así no amancille el aterido
invierno en duro yelo tu excelente
cima, ni Febo, cuando más ardiente,
muestre a tu gloria el rayo embravecido.

Que pues, cuando en su lustre florecía,
te dio el áspero tronco y dilatado
seno donde luciese tu ufanía,

es razón, sacra vid, que el despojado
leño de verde y fresca lozanía
ornes agora en su funesto estado.

---

4 Álamo blanco. (N. del E.)
5 Deshojado. (N. del E.)

Ya del sañudo Bóreas el nevoso

Ya del sañudo Bóreas el nevoso
soplo cesó, ¿el triste invierno helado,
dando paso, al divino ardor templado,
huyó al profundo centro tenebroso?

Y vuelve el verde honor al espacioso
seno vuestro, del yelo despojado,
sacros pobos, que ornáis el intrincado
curso del claro Guadiamar ondoso.

¡Felices vos!, que ufanos al suave
rayo de Febo coronáis la frente,
libres del yerto humor que os oprimía.

Mas, ¡triste yo!, que de importuno y grave
yelo siento oprimir la frente mía,
lejos de ver mi altiva luz ardiente.

Menoba, que con turbia y alta frente

Menoba,[6] que con turbia y alta frente
vuelas veloz al gran Tarteso río,
horrible a fuerza del pluvioso y frío
Austro, la selva oprime tu corriente.

Y vi yo cuando en la sazón ardiente,
corriendo apenas,[7] de cristal vacío,
ella te defendió del cano estío,
de tu ceñido umor[8] mustia y doliente.

No des al aire, pues, o río sagrado,
raíces de tan fiel y generosa
selva que te asombró[9] al estivo fuego.

Templa la saña y el confuso y ciego
hervir de tu profunda agua espumosa;
así discurras puro y dilatado.

---

6   Nombre antiguo del río Guadiamar. (N. del E.)
7   En el original «apena». (N. del E.)
8   Caudal del río. (N. del E.)
9   Dio sombra. (N. del E.)

Marchite, ¡o nunca!, frío y cano yelo

Marchite, ¡o nunca!, frío y cano yelo
de tus labios la dulce y blanda rosa,
do las Gracias, do Amor siempre reposa,
ni otro sitio envidiando ni otro cielo.

Dellos nunca a herir levanta el vuelo,
ni hacha cuida o flecha rigurosa,
que una blanda palabra graciosa
arma y enciende en el purpúreo velo.

Destos, pues, rojos, blandos y suaves
labios do se arma Amor, y que encendieron
mi pecho en llama y rosa dulcemente,

¡nunca, o tiempo!, permitas que los graves
yelos de edad la púrpura ardiente
amortigüen, y llama en que m'ardieron.

Salve, o mancebo, flor de la hermosa

¡Salve, o mancebo, flor de la hermosa
llama que enciende y cerca el puro cielo!,
cuanto menos que Cintia generosa,
tanto luces más cándido en el suelo.

Apacible destierra en la sombrosa
noche el horror de su medroso velo,
que aún no vibra su hacha luminosa
Venus mirando al gran señor de Delo.

Luce en su vez, ¡o Héspero dichoso!,
en su silencio, y con tu luz me envía
a mi dulce esplendor y mi cuidado.

Y si tal vez sentiste el amoroso
fuego que así encendió mi pecho helado,
dame no errar por tenebrosa vía.

Otro tiempo profundo y dilatado

Otro tiempo profundo y dilatado
te vi correr, o sacro Esperio río,[10]
y ya te ciñe el abrasado estío
y tu luciente mármol seca airado.

Triste pensaba yo nunca sobrado
sentir tal vez el ardimiento mío,
o helase al Tánais el invierno frío,
o regalase el Sol su curso helado.

Pero si tú, gran lustre d'Occidente,
Betis, siendo deidad, del inhumano
tiempo la vez y sientes la crueza,

no desespero de mi ardor insano
vuelta ver en ceniza la grandeza
mientras Febo rayare en Oriente.

---

10   Se refiere al Guadalquivir. (N. del E.)

Lánguida flor de Venus, que escondida

Lánguida flor de Venus, que escondida
yaces, y en triste sombra y tenebrosa,
verte impiden la faz al Sol hermosa
hojas y espinas de que estás ceñida;

y ellas el puro lustre y la vistosa
púrpura, en que te vi apuntar teñida,
te arrebatan, y a par la dulce vida
del verdor que descubre, ardiente rosa.

Igual es, mustia flor, tu mal al mío:
que si nieve tu frente descolora
por no sentir el vivo rayo ardiente,

a mí, en profunda oscuridad y frío
yelo, también de muerte me colora
la ausencia de mi luz resplandeciente.

A don Juan de Fonseca y Figueroa

Ya la hoja que verde ornó la frente
desta selva, don Juan, en el verano,
tiende amarilla por el suelo cano
fuerza de helado espíritu ardiente;

y la ova[11] que en agua vi pendiente
de un hueco risco con verdor lozano,
mustio ya y sin color, despojo vano,
Betis esplaya con mayor corriente.

Y yo así bien no desigual mudanza
siento en mi mal, que ya mi ardor intenso
cambia el yelo en ceniza vana y fría.

¿Quién esperó igual bien? ¡O grata usanza
del tiempo: que fallece a par del día
si un hermoso verdor, un fuego ¡inmenso!

---

11 Alga. (N. del E.)

Aunque pisaras, Fili, la sedienta

Aunque pisaras, Fili, la sedienta
arena que en la Libia Apolo enciende,
sintieras, ¡ay!, que el Aquilón me ofende,
y del yelo y rigor la pluvia lenta.

Oye con qué ruido la violenta
furia del viento en el jardín se extiende,
y que apena aun la puerta se defiende
del soplo que en mi daño se acrecienta.

Pon[12] la soberbia, o Fili, y blandos ojos
muestra, pues ves en lágrimas bañado
el umbral que adorné de blanda rosa;

que no siempre tu ceño y tus enojos
podré sufrir, ni el mustio invierno helado,
ni de Bóreas la saña impetuosa.

---

12 Abandona. (N. del E.)

Claro y tranquilo el mar me conducía

Claro y tranquilo el mar me conducía
a que surcara su profundo seno,
y apenas entré, cuando el color sereno
huyó, de Bóreas con la saña fría.

Crespos montes de humor al cielo vía
subir, y el mar, d'oscura sombra lleno,
cambiar varios semblantes, y el terreno
asiento entre las olas parecía.

Entonces, ¡ay!, o mezquino!, un mortal yelo
me cubría, y el hueco leño roto
luchaba con las aguas fatigado.

En tanto afán, con voz ya incierta, al cielo
moví a piedad; libróme, y hice voto
de fiar nunca en ponto sosegado.

Cuando entre luz y púrpura aparece

Cuando entre luz y púrpura aparece
l'alba, y despierto, ¡ay, triste!, y miro el día
y no hallo la blanca Fili mía,
alba y púrpura y luz se me oscurece.

Lloro, y crece mi llanto cuanto crece
más la lumbre y la sombra se desvía;
y un torpe yelo así me ata y refría
que aun la voz para alivio me fallece.

Y a un tiempo apura amor con alto fuego
en este ancho desierto el pecho mío,
donde el pesar lo aviva más y enciende.

Lloro, pues, y ardo así, y el mal se extiende
tanto, que a luz y a sombra y a rocío
muero en llamas y en lágrimas me anego.

Ay, amarilla selva, que desnuda

¡Ay, amarilla selva, que desnuda
yaces, y en cano y yerto humor cubierta,
cómo tu órrida[13] faz en mí despierta
nuevo mal a mi incendio y llama cruda!

Siéntome, ¡ay, triste!, arder cuando se muda
tu frente, y se descubre blanca y yerta;
y cuando l'alma tierra más desierta
se ve de luz, mi llama es más aguda.

Pero ¿qué mucho, o selva, si la ardiente
hacha con que te alienta el claro día
declina tanto al Austro pluvioso,

y yo estoy tan cercano al refulgente
rayo que de sus luces siempre envía
mi dulce ardor, Aglaida,[14] y glorioso?

---

13 Áspera. (N. del E.)
14 Aglaida: nombre femenino, es uno de los mencionados por Rioja en su prefacio a la edición de los *Versos* de Herrera: «Aglaia, que quiere decir Esplendor». (N. del E.)

No esperes, no, perpetua en tu alba frente

No esperes, no, perpetua en tu alba frente,
o Aglaya,[15] lisa tez, ni que tu boca,
que al más helado a blando amor provoca,
bañe siempre la rosa dulcemente.

¿Ves el Sol que nació resplandeciente,
cuál con luz desvanece tibia y poca,
y tú sorda a mis ruegos como roca
estás, en quien se rompe alta corriente?

Goza la nieve y rosa que los años
te ofrecen; mira, Aglaya, que los días
llevan tras sí la flor y la belleza;

que cuando de la edad sientas los daños,
has de envidiar el lustre que tenías
y has de llorar en vano tu dureza.

---

15 Parece referirse a la antes citada Aglaida. (N. del E.)

Pasa, Tirsis, cual sombra incierta y vana

Pasa, Tirsis, cual sombra incierta y vana
este nuestro vivir y, como nieve
al tibio rayo, desvanece en breve
todo apacible bien y gloria humana.

Mira cuánto en color, cuánto en lozana
juventud confiar el hombre debe,
si así acabó Medrano: ¡o, en vuelo leve
subido haya a la estanza soberana!

Siendo su fin veloz (aunque no incierto,
triste imagino aquél que nos aguarda)
solo por no avenirle en pena, en lloro.

Tirsis, deja este mar, vuelve ya al puerto
la nave y busca el celestial tesoro:
que a nos, quizá, tan triste fin no tarda.

Cuando te miro, o fresno, así al helado

Cuando te miro, o fresno, así al helado
soplo del Aquilón, calvo la frente,
y al tibio y blando soplo de Occidente
de purpúreo verdor la cima ornado,

alegre vuelvo a mi infelice estado
y esfuerzo así mi corazón doliente:
«Espera, no importunes al luciente
cielo con voces y con llanto airado.

Tiempo será que tan crecida pena
acabe, y tu luz goces, si oprimido
yaces ahora en tan profundo yelo.

Y si el volver del incansable cielo
da a un mudo tronco el verde honor perdido,
¿cómo a ti no tu pura luz serena?»

Yo acabaré, infelice, en el ondoso

Yo acabaré, infelice, en el ondoso
golfo que ensaña y turba el viento airado,
pues en nevoso invierno surqué osado
piélago así profundo y proceloso.

Ya me arrebata el ponto furioso,
y miro el leño, en piezas desatado,
entre la espuma errar (¡ay, yo cuitado!)
y no el cielo a mis lágrimas piadoso.

Yo acabaré, pues me creí imprudente
del manso mar, que inmenso me rodea
y volverá en sus olas mis desnudos

huesos. No fíe de cristal luciente,
tome ejemplo en mi mal quien no desea
ser, cual yo, pasto de nadantes mudos.

Náufraga onda, y cómo leda frente

¡Náufraga onda, y cómo leda frente
tuya, mientras ocio fácil poseía,
otra vez me ha engañado, que creía
siempre tranquilo tu cristal luciente!

Ya no miro encresparse dulcemente
el mar con l'aura que Occidente envía,
mas espumosos montes que a porfía
levanta al cielo el Euro furiente.

Tres veces fueron ya que el hondo Egeo
rompí, mal cauto, con aguda prora,
náufrago, y tantas lo sulqué animoso.

Debiera escarmentar, porque no ahora,
opuesto en vano al mar impetuoso,
llorara el cierto fin en que me veo.

Este que ves, o güésped, vasto pino

Este que ves, o huésped, vasto pino,
útil solo a la llama ya en el puerto,
selva frondosa un tiempo, en descubierto
cielo dio amiga sombra al peregrino.

De la cumbre Citoria[16] al ponto vino,
por la mordaz segur el tronco abierto,
y después, alta máquina, el incierto
golfo abrió, siempre con hinchado lino.

Vientos, aguas sufrió; llegó a la Aurora,
veloz nave, y rompió luengos caminos,
y a su patria volvió soberbia y rica.

Mas no firme a sufrir del mar ahora
los ímpetus, por voto a los marinos
dioses Cástor y Pólux se dedica.

---

16 Se refiere a la colina de Roma. (N. del E.)

Almo, divino Sol, que en refulgente

Almo, divino Sol, que en refulgente
carro sacas y escondes siempre el día,
y otro y el mismo naces tras la fría
sombra que huye l'alba luz ardiente;

pura y cándida Ilitia, que luciente
eres del cielo honor, si se desvía
el áureo rayo que tu hermano envía
a tu hermosa faz resplandeciente:

venid ambos, venid, lustre del cielo,
fáciles a mis ruegos. Tú, Lucina,
seas blanda a Celia en la cercana hora.

Y pues te honra, o Febo, con divina
voz, da al infante cuando sienta el yelo
del aire, ingenio y dulce voz sonora.

A Manlio

Sabes cuán raro bien sigue a las horas
y que podrás apenas en el día
contar alguno, ¿y la tristeza mía
ya admiras y ya culpas y ya lloras?

Engáñaste si piensas que mejoras
o borras así el mal que el cielo envía;
¿No ves que al Sol como a la sombra fría
siempre acompañan penas voladoras?

Juzgó, Manlio, tu mente que sin duda
el ánimo y el tiempo se mudara
si otro el lugar y si otro el aire fuera.

Mas, ¿qué hizo el que mares mil surcara
e incógnitas regiones anduviera?
Que el cielo, ¡ay!, y no el ánimo se muda.

Libros a la carta

A la carta es un servicio especializado para
empresas,
librerías,
bibliotecas,
editoriales
y centros de enseñanza;
y permite confeccionar libros que, por su formato y concepción, sirven a los propósitos más específicos de estas instituciones.

Las empresas nos encargan ediciones personalizadas para marketing editorial o para regalos institucionales. Y los interesados solicitan, a título personal, ediciones antiguas, o no disponibles en el mercado; y las acompañan con notas y comentarios críticos.

Las ediciones tienen como apoyo un libro de estilo con todo tipo de referencias sobre los criterios de tratamiento tipográfico aplicados a nuestros libros que puede ser consultado en Linkgua-ediciones.com.

Linkgua edita por encargo diferentes versiones de una misma obra con distintos tratamientos ortotipográficos (actualizaciones de carácter divulgativo de un clásico, o versiones estrictamente fieles a la edición original de referencia).

Este servicio de ediciones a la carta le permitirá, si usted se dedica a la enseñanza, tener una forma de hacer pública su interpretación de un texto y, sobre una versión digitalizada «base», usted podrá introducir interpretaciones del texto fuente. Es un tópico que los profesores denuncien en clase los desmanes de una edición, o vayan comentando errores de interpretación de un texto y esta es una solución útil a esa necesidad del mundo académico.

Asimismo publicamos de manera sistemática, en un mismo catálogo, tesis doctorales y actas de congresos académicos, que son distribuidas a través de nuestra Web.

El servicio de «libros a la carta» funciona de dos formas.

1. Tenemos un fondo de libros digitalizados que usted puede personalizar en tiradas de al menos cinco ejemplares. Estas personalizaciones pueden ser de todo tipo: añadir notas de clase para uso de un grupo de estudiantes, introducir logos corporativos para uso con fines de marketing empresarial, etc. etc.

2. Buscamos libros descatalogados de otras editoriales y los reeditamos en tiradas cortas a petición de un cliente.

www.ingramcontent.com/pod-product-compliance
Lightning Source LLC
Chambersburg PA
CBHW022123040426

42450CB00006B/815